Le Long du rivage serein

La lueur du petit matin

Éveille Le climat serein.

À la quête de son ancrage,

La vie reçoit la force sage.

Tel Abraham cherchant la terre promise,

L'âme en quête d'elle-même navigue

Entre profondeur et hauteur.

L'heure bleue s'invite dans nos jardins.

Immense tendresse du firmament

Glissant doucement en notre sein.

Gouttes de pluie réfléchissent le monde.

À ciel nouveau, nouvelles promesses.

À l'heure où le froid résonne,

L'automne assèche la feuille.

D'un fil, elle suspend son envol,

Témoignant une dernière fois,

De son attachement à l'arbre qui l'a fait vivre.

Sur une île abandonnée,
Un trésor oublié se rappelle les faveurs du ciel,
En émanant les couleurs arc en ciel.

Épris de liberté, qu'il est bon de rejoindre sa destinée.

Les couleurs orangées du ciel et de la terre s'inclinent

au pied de la véritable Source de Lumière.

L'empreinte de nos pieds
Oriente le sillon.
Du chemin emprunté
Longe la végétation.

Sur un fond d'harmonie,

Les effluves de parfum jouent une symphonie.

Une danse des sens miroitant de rouge,

Berce les fleurs blanches naissantes du jour.

Saison de l'automne,

Occasion qui résonne pour l'âme en panne d'ôter son habit de vieilleries.

Le soleil orangé recouvre la nudité de notre pauvreté en la parant d'un voile lumineux.

L'embryon d'amour, recouvert du manteau d'hiver,

A alors pour vœu d'accueillir l'annonce d'un printemps vivifiant, comme la chance d'une nouvelle naissance.

Le bateau échoué sur le sable reprend espoir lors de la marée montante. Les trois rayons lumineux l'appellent à une Vie nouvelle sur l'océan de tous les possibles

SC

Le long du rivage serein,

Les embruns marins, tels des anges gardiens,

Diffusent une nuée de bonheur.

Ils déploient leurs ailes avec douceur,

Caressant l'écume des pleurs et purifiant les coeurs.

Au splendide fleuve de vie

Les berges limitent l'envie.

Tant de vitalité canalisée

Au service de la diversité.

Un barrage ne ferait que porter outrage

À cette énergie infinie.

Esprit jaillissant et bondissant,

Doté d'une quête perpétuelle,

Que seule l'éternité pourra combler.

Et c'est ainsi que le paradis fleurit,

Le long du joli fleuve de vie.

Dans la jungle des égoïsmes,

La sève sacrée de notre arbre de vie intérieur

Reflète la lumière reçue dans la prière.

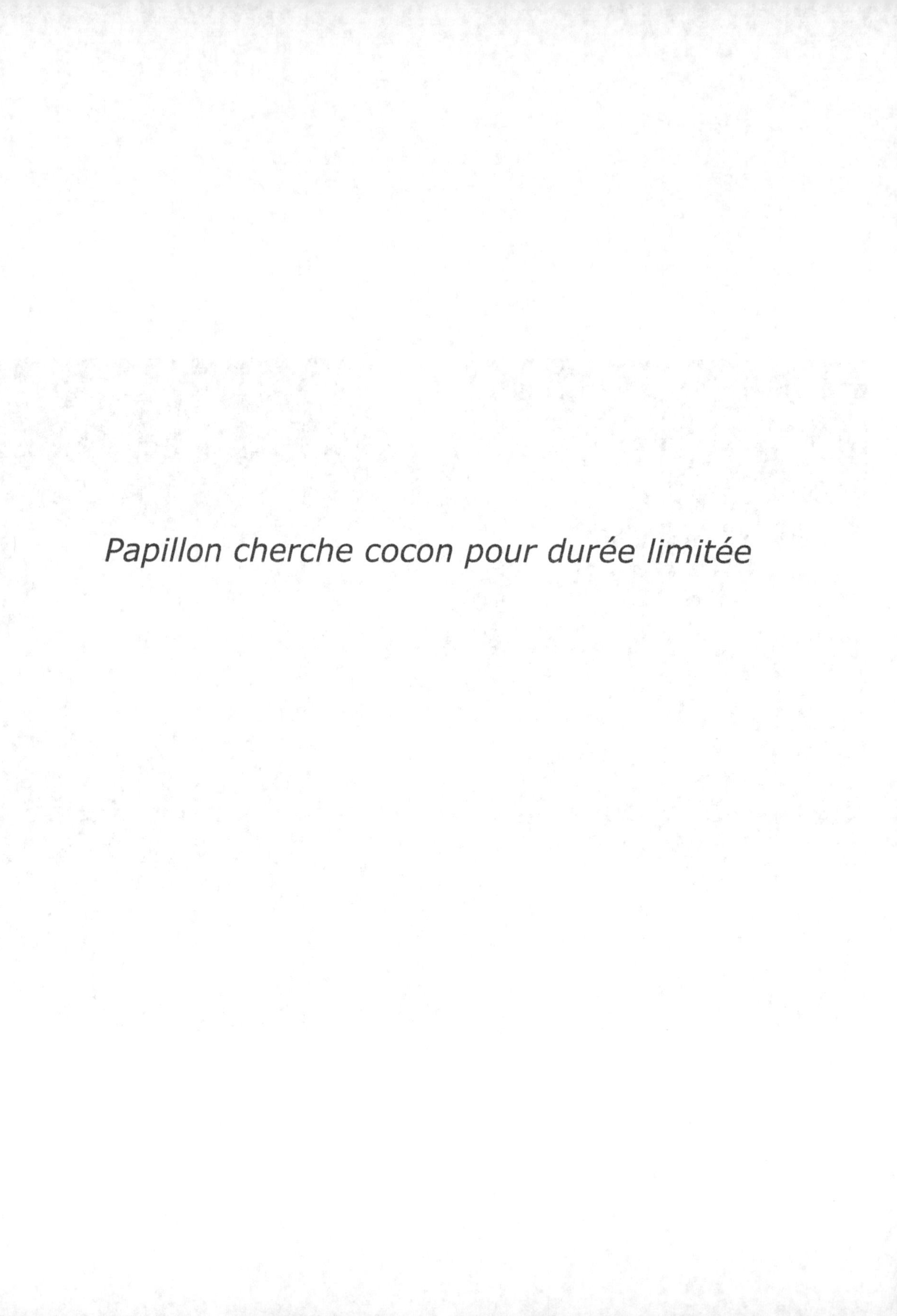

Papillon cherche cocon pour durée limitée

Au-dessus de l'échiquier de la vie,

Une amitié est célébrée.

Dans les cieux de teinte rosée,

La douceur de la voie lactée nous rappelle notre destinée.

L'astre céleste, paré de soie translucide,

Observe l'humanité dans le secret de la foi.

Pureté d'âmes en quête d'infini,

Entre terre et vie, ces créatures sont d'ici.

La sainte étreinte de leurs mains jointes

Nourrit leur amitié d'une patience habitée.

Dans la savane des temps modernes,

Tu ressens une brise océane qui te concerne.

Elle te propose une pause remplie de tendresse,

Tout en délicatesse.

Occupée à méditer,

La douceur bleutée

Apaise les flots d'une réalité pressée.

SC

Le prisme de la vision

Oriente la projection.

Le monde donne son coeur

À qui promet son bonheur.

Au gré de la marée, toute pensée amère va et vient,

Emportée par le flot du bleu de bord de mer.

Bientôt, le phare et l'étoile guideront

Vers l'apaisement de la Mère nourricière.

De bon matin, en plein été,
Vois cet ange gardien chapeauté
Longer la côte castine bleutée.
Il offre les rayons du soleil
Pour rendre heureux dès le réveil.